Armand de Quatrefages

Du Croisement des races humaines

Essai

ISBN : 978-1542987653

10 9 8 7 6 5 4 3 2 1

Armand de Quatrefages

Du Croisement des races humaines

Essai

Table de Matières

Introduction

Existe-t-il plusieurs espèces d'hommes, ou bien les différences présentées par les diverses populations du globe ne sont-elles que des caractères de race [1] ? Je ne veux pas aborder aujourd'hui l'examen de cette question, si vivement, parfois si violemment débattue, et qu'ont trop souvent obscurcie des passions dont la source n'était rien moins que scientifique. Ce n'est ni dans une seule étude ni à propos de deux ou trois livres qu'il est possible de la traiter, et d'ailleurs je n'en ai pas besoin. Je me bornerai donc à exprimer une conviction bien entière, et que mes recherches de naturaliste et d'ethnologiste fortifient chaque jour. — Oui, tous les hommes appartiennent à une seule et même espèce. Entre les populations les plus éloignées en apparence, il n'y a que des différences toujours moins grandes que celles dont les animaux domestiques nous offrent de si nombreux et si frappants exemples ; de l'Européen au nègre du Congo, de la peau-rouge à l'Australien, il n'existe que des différences de race. À ce titre, tous les hommes sont frères, ou pour mieux dire cousins plus ou moins éloignés.

Que le lecteur se reporte par la pensée à ces expositions si riches en enseignements de toute nature, qu'il se rappelle ce que sont nos chiens de rue et nos chiens de chasse, qu'il songe à la valeur relative de la rosse qui traîne nos chariots et du noble cheval arabe ou turcoman : il conclura de lui-même qu'entre les races animales dérivées d'une même espèce-il peut sans doute exister une égalité réelle, bien que les caractères physiques soient différons, mais que presque toujours il en est qui possèdent un cachet décidé de supériorité ou d'infériorité. Les fils issus de mêmes parents, et à plus forte raison les cousins au premier, au second, au dixième degré, nous présenteraient des faits tout pareils. Ce n'est donc pas être infidèle aux croyances énoncées plus haut que d'admettre l'inégalité des races humaines, que de regarder quelques-unes d'entre elles comme supérieures, d'autres comme inférieures, et de les échelonner en conséquence [2], Quelques philanthropes exagérés ont nié qu'il en pût être ainsi. Ils ont affirmé, l'égalité complète et actuelle du blanc et du noir, et accusé quiconque soutenait le contraire de favoriser l'esclavage [3]. Sans entrer dans un pareil débat, sans répéter ce que j'ai déjà établi dans ce recueil [4], je me bornerai à dire que, pour combattre une institution détestable, il ne me semble nullement nécessaire de dénaturer les faits et de nier l'évidence.

Les races inférieures et supérieures dérivées d'une même espèce peuvent-elles s'unir de manière à donner naissance à des faces nouvelles, à des races métisses ? En présence des faits universellement connus, il peut paraître étrange qu'une telle question soit posée. Pourtant elle l'a été, et, qui plus est, elle a été résolue négativement pour les animaux par quelques hommes d'un vrai mérite d'ailleurs, et pour l'homme par quelques ethnologistes, parmi lesquels nous citerons surtout le docteur Knox, qui joint à ses autres titres celui de correspondant de l'Académie de médecine de Paris. L'école américaine, qui admet l'existence d'espèces humaines distinctes, penche nécessairement vers cette doctrine, bien que l'évidence des faits lui arrache parfois les aveux les plus explicites et les plus en opposition avec cette manière de voir [5]. Les uns et les autres sont loin d'ailleurs de s'accorder. Les zootechnistes ont sous les yeux des exemples trop palpables pour ne pas admettre la formation de races nouvelles ; le docteur Knox et ses adhérents nient cette formation d'une façon plus ou moins absolue. Parmi les premiers, ceux qui rejettent l'influence du croisement attribuent d'une manière exclusive à la puissance des milieux les modifications, parfois si grandes, imprimées à l'organisme. Les seconds déclarent les milieux les plus énergiques incapables d'exercer une action de cette nature même dans les limites les plus restreintes. Je ne discuterai pas aujourd'hui ces assertions contraires, qui se détruisent mutuellement. À mes yeux, il est impossible de se refuser à admettre l'apparition de races nouvelles, formées tantôt sous l'influence du croisement, tantôt sous celle d'un changement de milieu, tantôt enfin, et le plus ordinairement, sous celle de ces deux agents réunis. Je n'ai aujourd'hui à parler que du premier cas, et me bornerai à rappeler quelques faits.

Ici on n'a vraiment que l'embarras du choix. Presque toutes les contrées de l'Europe possèdent un certain nombre de races domestiques dans la formation desquelles le croisement a joué au moins le principal rôle. Sans sortir de France, et pour m'en tenir à deux faits bien récents, je citerai la race des moutons charmoises et celle des porcs de Boulogne, dans l'arrondissement de Valenciennes. On sait comment M. Malingié a obtenu la première par une suite d'alliances ménagées avec discernement, d'abord entre les races berrichonne et tourangelle, puis entre les métis de ces dernières et des béliers mérinos et new-kents. En quelques années, cette race a été suffisamment assise pour exercer à son tour une influence modificatrice des plus heureuses. Ses béliers, unis aux chétives brebis du Haut-Limousin, ont donné des produits d'une valeur double de celle des mères [6] ; ils sont aujourd'hui recherchés jusqu'en Angleterre. Quant aux porcs de Boulogne et de Montreuil, ils proviennent d'une race locale profondément abâtardie, qu'on a relevée parle croisement avec les york-shires et les new-leicesters. Les métis ainsi obtenus ont été mariés ensemble, et sans remonter à la souche anglaise ; il s'est ainsi formé sur place une race supérieure qui alimente annuellement un commerce considérable, principalement avec la Champagne [7].

L'existence de populations entières résultant du croisement des races humaines est un fait non-seulement de toute évidence pour le présent, mais que les études de la nature la plus variée retrouvent à chaque instant et de plus en plus dans le passé de l'humanité. Quelques influences locales peuvent, il est vrai, retarder le développement de ces races. Deux auteurs anglais, Etwick et Long, qui tous deux ont écrit une histoire de la Jamaïque, s'accordent à déclarer que dans cette île les mariages entre les mulâtres sont moins féconds que les alliances contractées par un de ces métis, soit avec un blanc, soit avec un nègre. M. le docteur Yvan m'a même assuré qu'à Java les métis de Malais et de Hollandais ne se reproduisaient pas au-delà de la troisième génération [8] ; mais entre ces faits tout exceptionnels et les conséquences qu'en ont tirées soit les ethnologistes américains, soit surtout le docteur Knox, il y a tout un abîme. Pour les réfuter, il suffit d'ouvrir le premier livre de voyage venu et surtout de citer quelques chiffres. En prenant pour exemple en Amérique les cinq états du Mexique, de Guatemala, de la Colombie, de La Plata et du Brésil, on trouve que les métis de toute sorte entrent pour un cinquième dans la population totale [9]. M. d'Omalius d'Halloy, après avoir discuté toutes les données de ce problème, estime à environ 750 millions le chiffre des habitans de la terre entière et à 10 millions celui des métis [10].

Il faut bien remarquer que M. d'Omalius n'a fait entrer dans ses calculs aucune de ces races qui portent au plus haut degré le cachet d'une origine mixte, comme les Cafres ou les Malais, mais dont on ignore le point de départ. Il a tenu compte uniquement des métis, dont l'origine, remontant à l'époque moderne, est connue historiquement. Or ces derniers n'ont commencé à paraître qu'à la suite du grand mouvement qui vers la fin du XVe siècle entraîna les populations européennes dans les régions lointaines. L'Amérique a été découverte en 1492, le cap de Bonne-Espérance doublé en 1497. Ainsi c'est en trois siècles et demi seulement que s'est formée cette multitude de mulâtres, de zambos, de chulos, de griquas, de métis de toutes races, qui entre dès à présent pour 1/75 dans la population totale du globe. Et encore ne mentionnons-nous ici que le résultat du croisement entre les races extrêmes. Que serait-ce si nous tenions compte des mélanges effectués chaque jour entre les races voisines et les rameaux d'une même race ? Ce mouvement de fusion, déjà si rapide, ne peut que s'accélérer dans des proportions impossibles à prévoir sous l'influence de la facilité et de la fréquence croissante des communications. Il y a donc un intérêt bien réel à chercher quel en sera le résultat probable.

C'est ce qu'a voulu faire un écrivain qui possède évidemment beaucoup de savoir et de hardiesse d'esprit, mais qui, faute d'être naturaliste, devait presque nécessairement s'égarer. M. de Gobineau a ramené à l'étude des races humaines, aux résultats de leurs croisements, l'histoire de toutes les grandes civilisations et des groupes politiques formés sous l'influence de ces dernières. Rattachant à une cause unique tous les ordres de faits moraux, intellectuels ou physiques, que peuvent présenter les peuples, il est remonté aux premiers temps de l'humanité, l'a suivie dans ses développements et croit pouvoir prédire quand et comment elle finira. Chemin faisant, il a indiqué l'origine de toutes les sociétés, les a suivies dans leurs évolutions, précisé les causes de leur décadence et de leur dissolution. L'*Essai sur l'inégalité des races humaines* est ainsi devenu une esquisse d'histoire universelle prise au point de vue ethnologique. Or, lorsqu'une science est en voie de se former, — et l'ethnologie en est encore à peine là, — ces essais de synthèse, fussent-ils prématurés, ont toujours une valeur réelle. Ils font naître des rapprochements, ouvrent des vues d'ensemble, conduisent à des idées générales, et par leurs défauts mêmes préparent l'avenir. À ces divers titres, l'ouvrage de M. de Gobineau mérite un sérieux examen, malgré l'inexactitude de la donnée fondamentale du livre et ce qu'il y a de paradoxal dans bien des assertions de l'auteur.

Section I

« La chute des civilisations, dit M. de Gobineau, est le plus frappant et en même temps le plus obscur phénomène de l'histoire. » Ce phénomène a-t-il été expliqué ? L'auteur ne le croit pas. À l'en croire, tous les historiens, tous les philosophes se sont mépris dans la recherche des causes qui amènent ces grandes décadences. Le fanatisme, le luxe, les mauvaises mœurs, l'irréligion, quelque répandus et universels qu'ils puissent être, ne sont que des espèces d'accidents sans influence sur la durée des empires ; le mérite relatif des gouvernements n'en a pas davantage. À plus forte raison, la nature du sol et des localités, le plus ou le moins de bonté des institutions, ne peuvent rien pour la grandeur ou la faiblesse des nations. Il en est de même des religions, et le christianisme, pas plus que le mahométisme, ne crée ni ne transforme l'aptitude civilisatrice.

On voit combien de discussions soulèveraient à elles seules ces quelques propositions. Peu de lecteurs, je pense, les accepteront dans le sens absolu qui leur est donné. Sans doute on a vu des peuples résister aux convulsions provoquées par les passions religieuses, d'autres supporter un excès de luxe sans s'épuiser, ou durer en dépit d'institutions mauvaises ; mais ces maladies morales agissaient isolément, ou n'étaient que passagères, ou bien enfin n'atteignaient que quelques parties du corps social. Dès-lors pourquoi eussent-elles été nécessairement mortelles ? Tous les jours, un individu guérit du choléra, un autre du typhus, un troisième de la peste : est-ce à dire que ces fléaux, même isolés, soient sans effet sur l'organisme, et que ce dernier résisterait de même à leur action combinée ? Tous les jours surtout, un membre frappé de gangrène tombe, laissant plein de vie le corps d'où il s'est détaché ; mais si le mal eût été général, qui ne voit quelles en auraient été les suites ? Or, chez tous les peuples en décadence, dans toutes les sociétés en voie de décomposition, l'histoire nous montre non pas une seule, mais toutes ou presque toutes les causes de destruction que j'ai nommées se développant à la fois, agissant non sur quelques individus, mais sur les masses elles-mêmes. Dénier toute influence à de pareils agents de destruction me semble vraiment impossible.

Au reste, M. de Gobineau lui-même paraît avoir senti ce que ses propositions avaient de forcé et d'étrange. Au moment d'exposer sa propre théorie, il revient quelque peu sur ses pas et reconnaît qu'il y a lieu de gémir lorsque la société est atteinte de ces terribles fléaux. C'est là une observation que j'aurai trop souvent à reproduire pour ne pas la faire dès le début. À chaque instant et pour les questions les plus fondamentales, l'auteur de l'*Essai sur l'inégalité des races humaines*, entraîné par sa plume, émet les opinions les plus absolues, qu'il amende quelques pages plus loin. Parfois là correction va jusqu'à la contradiction : de là résulte pour le lecteur une incertitude fatigante, et souvent une difficulté réelle à bien comprendre le fond de la doctrine même.

Les éléments de désorganisation signalés tout à l'heure ne sont redoutables, selon M. de Gobineau, que lorsqu'ils atteignent un peuple *dégénéré*. Cette expression a ici un sens tout spécial. Pour l'auteur, une population dégénère toutes les fois qu'elle porte atteinte à la pureté de son sang par le croisement avec une autre race. Plus les mélanges sont multipliés, plus la dégénérescence fait de progrès, et quand le nombre des croisements dépasse certaines limites, la société ne peut plus se maintenir. Ici se montre la pensée fondamentale du livre. Dans la doctrine dont il renferme l'exposé théorique et l'application, la naissance, l'état stationnaire ou progressif, la grandeur ou la décadence, en un mot tous les phénomènes moraux, intellectuels ou physiques d'une tribu comme d'une nation sont uniquement des questions de race.

Lorsqu'un écrivain fait reposer tout un ensemble d'idées sur un mot, on doit s'attendre à ce qu'il précise exactement le sens de ce seul mot. M. de Gobineau ne l'a pas fait, et c'est un grand reproche à lui adresser. Il admet l'unité de l'espèce humaine, tout en déclarant que nous ne connaissons pas l'homme primitif, et sur ces deux points nous sommes entièrement de son avis. Il admet l'existence de trois races fondamentales, la blanche, la jaune et la noire ; ici encore nous partageons son opinion. Ces trois races, dans leurs représentai les plus caractérisés, sont en effet les extrêmes de ces mille nuances qui servent d'intermédiaires entre les populations les plus éloignées ; elles peuvent donc être regardées comme autant de types autour desquels se groupent les races secondaires ; mais pour lui ces races ont quelque chose de tellement absolu, de tellement radical, qu'elles redeviennent de véritables *espèces*, dans le sens que les naturalistes donnent à ce mot. Partout, à chaque instant, M. de Gobineau combat à outrance l'idée qu'un milieu extérieur quelconque puisse influer en quoi que ce soit sur une population. Pour lui, tout est dans le sang. D'une race à l'autre, le sang diffère comme l'eau différé de l'alcool ; on peut les mélanger, mais les transformer, jamais : le croisement seul a produit toutes les différences ethniques constatées dans l'espèce humaine.

Telles sont les opinions professées à chaque page du livre, et pourtant, lorsqu'il s'agit d'expliquer l'existence des trois types fondamentaux, c'est précisément à l'action du milieu et des agents physiques seuls que l'auteur a recours. Il est vrai qu'il remonte alors à l'origine des choses et admet d'une part que l'espèce humaine, récemment créée, n'ayant pas encore de caractères bien arrêtés, était par cela même plus aisément impressionnable, — d'autre part, que les actions physiques résultant de cataclysmes encore récents avaient une énergie qu'elles ont perdue depuis. Ces deux hypothèses n'ont rien qui répugne à la raison, elles s'accordent même assez bien avec les résultats les plus récents des études géologiques ; mais l'une ou l'autre conduit-elle à nier d'une manière absolue toute action modificatrice actuelle, imprimée par le milieu, subie par l'homme ? Évidemment non. Les forces physiques, en les supposant amoindries, n'en existent pas moins, et n'ont pas changé de nature ; l'homme est resté le même au fond. Par conséquent, les influences extérieures ont dû conserver encore une certaine puissance, et, venant à s'exercer sur l'homme, elles agiront encore dans une certaine mesure. Les modifications subies par l'être humain seront peut-être moins étendues et se manifesteront plus lentement, mais elles n'en seront pas moins réelles. Telle est la conclusion logique à laquelle conduisent les données mêmes d'où part M. de Gobineau, aussi bien que l'étude attentive de tous les faits recueillis chez les animaux ou chez l'homme sur cette difficile question.

Au reste, cet écrivain semble l'avoir senti lui-même, et, pressé par les faits, il rend hommage à la doctrine tant de fois combattue par lui dans un passage trop significatif pour que je ne le reproduise pas textuellement. « On ne saurait méconnaître que les circonstances locales peuvent au moins favoriser l'intensité plus ou moins grande de certaines nuances de carnation, la tendance à l'obésité, le développement relatif des muscles de la poitrine, l'allongement des membres inférieurs ou des bras, la mesure de la force physique. » Ici M. de Gobineau ne parle pas autrement que nous-même. Si des influences locales, c'est-à-dire des *influences de milieu*, peuvent rendre des populations entières grasses ou maigres, si elles donnent aux unes des membres longs et grêles, à d'autres des membres courts et gros, si elles élargissent ou rétrécissent la poitrine, si elles rendent héréditaires ces particularités d'organisation, ne créent-elles pas de véritables races ? « Mais il n'y a là rien d'essentiel. » J'ai vainement cherché l'indication précise de ces traits essentiels qui seuls semblent pouvoir, d'après M. de Gobineau, caractériser une race ; je ne l'ai trouvée nulle part. On voit à quelle contradiction s'est laissé entraîner, à quel vague s'est laissé aller l'auteur d'un livre dont on ne peut d'ailleurs contester l'intérêt, pour ne pas avoir attaché un sens précis aux mots *race* et *espèce* ; si j'insiste sur ce point, c'est qu'on pourrait adresser le même reproche peut-être à la majorité de ceux qui ont traité la question des races humaines.

Poursuivons notre examen. L'homme primitif, la race humaine primaire, laissa donc en disparaissant trois races secondaires, la noire, la jaune et la blanche. Par le croisement de ces races et de leurs métis se sont formées des races tertiaires, quaternaires, etc. Chacune d'elles apportait d'ailleurs dans ces alliances des éléments physiques, moraux et intellectuels fatalement différents. La race noire présente à un haut degré le cachet de l'animalité : ses facultés pensantes sont médiocres, ou même nulles ; mais ses sens, développés outre mesure, donnent à la sensivité, et par suite au désir, une énergie, une intensité inconnues aux autres races. Par ces motifs, l'auteur voit en elle une race femelle [11]. L'élément mâle est représenté dans l'espèce humaine par la race jaune, que caractérisent, indépendamment de ses traits physiques bien connus, un caractère apathique, l'amour de l'utile et du bien-être matériel. Du reste, pas plus que le noir, le jaune, livré à lui-même, ne peut s'élever au-dessus de l'état sauvage. La race blanche seule possède ce pouvoir. À elle appartiennent exclusivement l'initiative, l'instinct du progrès et la puissance organisatrice, la beauté physique, l'intelligence élevée et l'énergie morale, l'instinct de la liberté et le sentiment de l'honneur.

Dans la pensée systématique que nous voulons combattre, ces caractères sont absolus. En dehors du croisement, rien ne peut les modifier. De là résultent deux conséquences : la première, c'est que jamais une race ne saurait s'améliorer par elle-même, et que par conséquent il appartient à la race blanche seule de relever ses sœurs en leur infusant son sang privilégié ; la seconde, que cette transfusion, en relevant l'élément inférieur, dégrade dans là même proportion l'élément supérieur. D'une race à l'autre, tout se passe comme si l'on mélangeait le dernier des breuvages au vin le plus exquis, et cela avec la même *rigueur matérielle*, si l'on peut s'exprimer ainsi. Par conséquent, le sang blanc se dilue par des croisements successifs. À mesure qu'il diminue en quantité, son influence s'affaiblit d'autant, et la race va s'abaissant de même. Jusqu'à présent, quelque discutable que soit la théorie, comme on va le voir, elle est du moins très claire. On comprend moins aisément pourquoi la dégradation fait des progrès lorsque deux races dotées d'une même proportion de sang blanc viennent à s'allier ensemble. C'est là pourtant ce qu'affirme l'auteur. À l'en croire, tout croisement de races, quelque égales qu'elles soient entre elles, abâtardirait encore forcément le produit, et le ferait descendre d'un degré de plus dans l'échelle ethnologique. Avant d'aller plus loin, il faut examiner ces idées générales.

L'inégalité des races humaines est un fait, nous l'avons montré plus haut ; mais cette inégalité est-elle poussée chez quelques-unes d'entre elles jusqu'à l'inaptitude absolue ? L'état sauvage est-il nécessairement, pour les noirs en particulier, le dernier mot de la civilisation ? A la rigueur, on comprendrait cette opinion dans la bouche d'un partisan de la pluralité des *espèces*, mais non de la part d'un écrivain qui croit seulement à l'existence de *races*. Toutes les races qui se rattachent à une même espèce lui sont virtuellement égales, et sont de même égales entre elles. Ce sont autant de branches d'un même tronc. Certaines conditions les font diverger parfois outre mesure ; des conditions nouvelles peuvent ? les ramener à côté de leurs sœurs et les rapprocher jusqu'au contact. C'est sur ce principe qu'est fondée en zootechnie la pratique de l'amélioration des races par elles-mêmes, méthode qui compte aujourd'hui tant de partisans. Sans doute cette méthode est plus lente que celle des croisements avec des types supérieurs. Daubenton mit dix ans à obtenir de nos moutons indigènes une laine aussi fine que celle des mérinos d'Espagne, tandis qu'en cinq ou six générations un bélier de cette dernière race transforme complètement le mouton français ; mais cette expérience célèbre, et bien d'autres faites depuis, prouvent que sous une direction éclairée la race animale la plus abâtardie peut se relever progressivement et donner des produits supérieurs. Ce qui est vrai des animaux l'est incontestablement de l'homme. En supposant que la race nègre ait partout commencé par l'état sauvage, il faut bien reconnaître, sans tomber dans les exagérations de quelques philanthropes plus zélés qu'éclairés, que sur quelques points de la Melanésie, et surtout en Afrique, elle a grandement amélioré son état primitif. Il est vrai que M. de Gobineau attribue la formation des moindres sociétés noires à l'influence de quelques gouttes égarées du sang régénérateur ; mais c'est là une de ces assertions toutes gratuites auxquelles il est permis de ne pas s'arrêter.

Est-il vrai que le croisement soit par lui-même et nécessairement une cause de dégradation ? Ici, à vrai dire, l'expérience sur les animaux nous manque. Chaque jour, il est vrai, l'homme allie entre-elles des races différentes, mais c'est toujours en vue d'un but déterminé, et en général pour relever l'une des deux. Les mêmes reproducteurs sont, à chaque génération, croisés de nouveau avec les métis déjà obtenus. Par conséquent, la race nouvelle se confond de plus en plus avec le type supérieur, et pour peu que le milieu s'y prête, elle finit par le reproduire. C'est juste ce qui se passe dans les colonies, où les mulâtres, devenus tiercerons, quarterons, etc., finissent par ne pouvoir plus être distingués des blancs.

Chez l'homme toutefois, cette marche constamment progressive vers la race supérieure n'est en définitive que l'exception. Les populations métisses, auxquelles a- donné naissance le contact de la race blanche avec tous les peuples du monde, sont généralement refoulées sur elles-mêmes par le mépris qu'elles éprouvent pour leurs parents jaunes ou noirs, par celui que leur rendent leurs parents blancs. Partout les mulâtres, les zambos, etc., s'allient entre eux et au hasard pour ainsi dire. Il y a donc là des expériences toutes faites sur l'espèce humaine, expériences dont le résultat répond à la question que je posais tout à l'heure. Partout où des observations précises ont été faites, les métis se montrent supérieurs à la race colorée, presque égaux et parfois supérieurs, à certains égards, à la race blanche elle-même. Etwick, dans son *Histoire de la Jamaïque*, avait remarqué depuis longtemps que le sang le plus noble exerçait sur le produit une influence prépondérante, et les faits lui donnent pleinement raison. Aux Philippines, les métis sont très nombreux ; ils dominent à Manille et forment une classe active, industrieuse, brave, qui a déjà arraché à la métropole de sérieuses et justes concessions. À peine est-il besoin de rappeler ce qu'étaient à Saint-Domingue ces hommes de couleur qui ont expié si cruellement leurs alliances avec les noirs. Les travaux publiés dans la *Revue* sur Haïti ne peuvent laisser en doute qu'ils ne fussent, à bien peu de chose près, les égaux des créoles blancs [12]. Au Brésil, grâce à sa valeur intellectuelle et morale, la race croisée de blanc et de noir a su vaincre en grande partie le préjugé du sang, et elle est surtout remarquable par des aptitudes pour la culture des arts bien plus développées chez elle que chez les blancs de race pure [13]. Dans ce même empire, nous trouvons une province entière habitée par une race croisée d'Européens et d'indigènes. Quel a été le résultat de ce mariage ? Le cachet particulier des Paulistas, leur caractère chevaleresque, leur bravoure, leur persévérance ont été racontés ici même et ailleurs [14]. À en croire les témoins oculaires, ces métis de Ganayages semblent être aujourd'hui dans ces vastes régions les plus purs représentants de leurs ancêtres blancs, les vrais fils des Portugais de la grande époque, les véritables enfants des Gama et des Albuquerque.

On le voit, les faits contemporains se prêtent peu à la théorie nouvelle. Il y a plus : en partant des données mêmes qui lui servent de fondement, on devrait, ce me semble, arriver à des conclusions diamétralement opposées. En effet, l'écrivain que je combats n'accorde à l'homme noir que l'imagination et le sentiment des arts ; il réserve à l'homme jaune les instincts positifs et une aptitude régulière, constante pour les choses utiles. Que reste-t-il au blanc primitif ? A en croire l'*Essai sur l'inégalité des races*, le blanc manifesterait à peu près uniquement une énergie conquérante invincible reposant sur une très grande force physique et un amour effréné de la guerre. Joignons à ces qualités peu sociables un sentiment religieux assez borné, puisque le blanc croit pouvoir détrôner ses dieux et se mettre à leur place ; ajoutons encore la beauté corporelle, et nous aurons recueilli tous les traits de cette grandeur physique et morale dont il est question à chaque page, et que le mélange doit abaisser. Y a-t-il là cependant de quoi expliquer le rôle attribué à la race blanche ? Les faits invoqués à l'appui de cette opinion nous semblent conclure contre elle. Les *Aryans* primitifs, à en juger par ce qu'en dit l'auteur lui-même, vivaient dans une anarchie irrémédiable. Il nous sera toujours difficile de voir des missionnaires de la civilisation dans les Normands qui ravagèrent nos côtes, ou dans le *squatter* que la haine de tout frein exile au fond des forêts. Et pourtant les premiers seraient des espèces de demi-dieux réunissant tout ce que l'homme peut concevoir de grand, de noble, de beau ; les seconds, des héros, dominateurs à juste titre de toutes les populations contemporaines ; le troisième serait le digne héritier des uns et des autres, et, quoique bien dégénéré, il représenterait le dernier élément civilisateur que possède notre pauvre humanité décrépite.

En présence de cette conclusion, qu'il est permis de trouver étrange, on se demande quel est ce signe inniable de supériorité devant lequel s'efface tout le reste. J'ai lu le livre avec une attention croissante toutes les fois qu'il s'agissait de ce point de doctrine, et n'ai trouvé nulle part de réponse directe. Toutefois il me paraît que l'énergie guerrière séduit avant tout l'écrivain. Il se complaît à retracer les mœurs héroïques des races batailleuses, depuis celles des Aryans, sur lesquels nous savons si peu de chose, jusqu'à celles de ces Germains, de ces Scandinaves, toujours prêts à boire et à se battre. Parfois alors la vérité se fait jour, et au milieu de ces descriptions enthousiastes se glissent des aveux singuliers. L'orgueil farouche, l'insubordination indomptable de ces héros, ne peuvent se dissimuler entièrement aux regards de leur admirateur. S'il n'avait été entraîné par des idées préconçues, il se serait demandé quelle société pouvait s'élever sur de pareils fondements, et la réponse ne se fût pas fait attendre. Ici encore les faits parlent bien haut. Nulle part M. de Gobineau ne nous montre et ne peut nous montrer un grand empire exclusivement composé de ses Aryans ou de ses Germains, exerçant autour de lui une attraction irrésistible, régnant par la paix autant que par la guerre, fondant en un mot une civilisation. Il ne peut pas même nommer une seule nation stable et assise composée d'éléments purement blancs, en donnant à ces mots la signification qu'il leur réserve. Pour pouvoir attribuer à cette race d'élite ce caractère suprême de supériorité, il est obligé de recourir à ces grands *tumuli*, à ces ruines mystérieuses que recèle l'Asie centrale, et de supposer que là existaient, antérieurement à toute histoire, de grandes populations blanches jouissant d'une civilisation avancée. Or, en admettant que les Tchoudes aient été les ancêtres de tous les peuples blancs, — hypothèse que je ne veux pas discuter, — en supposant encore qu'ils aient formé un ou plusieurs corps de nation comparables à ce que nous savons avoir existé ailleurs, les traces qu'ils ont laissées n'accusent-elles pas un état de choses bien inférieur aux grandes civilisations brahmaniques ou égyptiennes, sémitiques ou grecques, romaines ou modernes ? Toutes ces civilisations pourtant, c'est l'auteur qui l'affirme, n'ont paru qu'après le mélange de la race blanche avec les races noire ou jaune. Le croisement n'a donc pas entraîné ici de suites bien regrettables ; il semble au contraire avoir produit les résultats les plus heureux.

À vrai dire, il ne pouvait en être autrement. Les caractères de race, ne l'oublions pas, sont, dans l'ordre d'idées que je discute, quelque chose de fondamental qui ne se modifie ni par lui-même ni par l'action du monde extérieur. S'il en est ainsi, toute race qui reste isolée est nécessairement stationnaire. Or chacune des trois races primitives, prise isolément, était foncièrement incomplète et obéissait à des instincts exclusifs. Par suite, ses qualités, développées sans contrôle et poussées à l'excès, tournaient aisément en défauts ; ses défauts devenaient des vices ; rien de nouveau ne pouvait surgir. Par les croisements, elles se sont complétées ; les exagérations se sont atténuées ; des qualités nouvelles, jusque-là endormies à l'état de germe, se sont fait jour. Telle est la conclusion qui ressort évidemment des données premières posées dans le livre sur l'*Inégalité des races humaines*. Pour être en contradiction avec tout le reste de l'ouvrage, elle n'en est pas moins acceptée et même parfois développée par l'écrivain, qu'entraînent alors, sans, qu'il s'en aperçoive, la logique et l'autorité des faits. Citons un exemple de cette contradiction, bien importante à signaler.

D'accord ici avec tout le monde, M. de Gobineau admet que les beaux-arts sont une des plus hautes manifestations de la nature humaine, et que la nation qui en a le sentiment, qui le voit s'étendre et se généraliser chez elle, s'élève et gagne au moins à certains égards. Or, toujours selon lui, l'art relève uniquement de la sensation, et voilà pourquoi le noir, avec son intelligence nulle, mais avec sa très grande puissance sensitive, est l'homme le mieux doué pour l'art ; voilà aussi pourquoi le blanc, très intelligent, mais peu sensitif, n'en a aucun sentiment. Toutefois le noir ne peut arriver au beau, parce que sa faiblesse d'esprit arrête tout essor tant soit peu élevé. Ceci explique comment les populations noires, avec un sentiment si profond de l'art, en sont encore en poésie, en peinture, en musique, en sculpture, aux ébauches que nous connaissons. Vienne le blanc, et de cette union entre l'intelligence et la sensitivité naîtra le sentiment du beau en tout genre, le désir et le pouvoir de le réaliser. Les métis du blanc et du noir pourront seuls produire les chefs-d'œuvre des siècles passés et ceux de l'ère moderne ; seuls, ils pouvaient enfanter la civilisation hellénique et le magnifique développement de l'art grec. Telle est la conclusion de l'auteur lui-même, et nous ne la contesterons pas ; mais nous lui demanderons si cette fois encore le croisement a abaissé la race, et si les Grecs à *demi sémilisés* de Périclès étaient inférieurs aux Hellènes primitifs, frères supposés des Àryans et des Germains ? Nous sommes certain qu'en dépit de sa théorie il reculerait devant une réponse affirmative.

Ainsi M. de Gobineau reconnaît formellement que le croisement peut avoir parfois une influence heureuse ; mais là pour lui est l'exception, et il ne s'y arrête pas : là au contraire est pour nous la règle. Le croisement entre populations diverses, dans de justes proportions et sous l'empire de conditions convenables, est bien certainement un des moyens les plus efficaces pour relever une race humaine, souvent deux races à la fois, et pour cela il n'est pas nécessaire que le sang régénérateur arrive jusque dans les veines de tout un peuple. L'amélioration s'opère ici par les deux procédés dont nous avons parlé plus haut. Le croisement agit directement sur une partie de la nation inférieure ; la masse, entraînée en avant par l'impulsion qu'elle reçoit, grandit aussi et s'améliore tout en restant ethniquement la même. Telles sont les conséquences qui ressortent et des faits précis que j'ai déjà exposés et de l'histoire générale, qu'il nous reste à parcourir rapidement.

Section II

Avant d'aborder ce terrain, je dois faire une observation importante. Le livre que je cherche à faire connaître renferme non-seulement des faits universellement admis, mais encore un grand nombre d'autres, qui sont très discutables. On y trouve surtout, et parfois quand il s'agit des questions les plus fondamentales, des assertions très inattendues, très contraires à toutes les notions généralement acceptées. Assez souvent l'auteur ne prend pas la peine de les étayer, même des plus légères preuves. Cette façon dogmatique de procéder a bien ses avantages ; elle permet plus de rapidité et de concision, mais elle rend l'examen du livre bien plus difficile. Si j'avais à me préoccuper par trop de la vérité historique, j'aurais à rompre presque à chaque page l'enchaînement des faits et des idées ; mais mon but est tout autre. Je désire surtout démontrer combien la doctrine de l'auteur est inexacte, combien peu est fondée la conclusion qu'il tire de l'histoire ethnologique des peuples. En acceptant ses propres données, je lui fais la partie belle, et mes conclusions n'en auront que plus de force. Je ne discuterai donc que rarement les faits, et seulement pour montrer qu'il n'y a rien d'exagéré dans mes observations.

Les races noire et jaune, déclarées d'avance radicalement incapables de s'élever au-dessus de l'état sauvage, devaient peu occuper M. de Gobineau. Aussi se borne-t-il, pour la première, à constater qu'elle était autrefois bien plus répandue que de nos jours. Ici l'on trouve déjà quelques assertions assez hasardées [15] ; mais du moins, dans ce qu'elle a de général, cette opinion s'accorde avec les résultats des dernières investigations ethnographiques. Il n'en est pas de même quand il s'agit de la race jaune. Celle-ci se serait développée en Amérique et aurait peuplé ce continent de multitudes innombrables. Un beau jour, ces masses, traversant le détroit de Behring, auraient débordé sur l'Asie et causé, environ cinquante siècles avant notre ère, le grand ébranlement qui rompit l'équilibre existant jusque-là, et Ouvrit l'ère des grandes migrations et des mélanges. On conviendra qu'une semblable hypothèse était

assez étrange pour avoir besoin d'être étayée au moins de quelque
semblant de preuves ? -mais elle est tout simplement énoncée
comme un fait avéré, sans qu'il soit même question ni des opinions contraires, ni de cette masse de renseignements déjà recueillis qui tous montrent dans l'Amérique une terre comparativement
nouvelle et récemment peuplée, qui tous tendent à démontrer que,
loin d'envoyer à l'ancien monde des hordes conquérantes, l'Amérique a reçu de celui-ci les habitants assez rares qu'on rencontra
chez elle au moment de la découverte.

Quoi qu'il en soit, la race jaune, arrivant par le nord-est, se dirigea
d'abord au sud-ouest, et alla, toujours au dire de l'*Essai sur l'inégalité des races humaines*, se heurter contre les hauts plateaux de
l'Asie, occupés alors par la race blanche. Celle-ci résista d'abord, et
le flot d'envahisseurs se partagea en deux courants. L'un descendit
au sud, et, par son mélange avec les noirs, donna naissance aux populations malaises et polynésiennes ; l'autre, suivant les côtes de la
Mer-Glaciale, atteignit, sans rien perdre de sa pureté, le continent
européen et le peupla en entier jusqu'au fond de l'Espagne et de
l'Italie. Bientôt cependant le nombre l'emporta sur l'intelligence, le
courage et la supériorité physique individuelle. Les blancs, ébran-
lés, reculèrent et commencèrent ces grandes migrations qui allèrent partout conquérir et régénérer le monde. À ce moment naît
l'histoire et apparaissent les empires d'où sortent les civilisations ;
celles-ci se sont succédé au nombre de dix seulement, savoir : les
civilisations assyrienne, indienne, égyptienne, chinoise, grecque,
italique, germanique, alléghanienne, mexicaine et péruvienne.

M. de Gobineau rattache médiatement ou immédiatement
toutes ces civilisations à deux courants principaux de populations blanches qui, partis du même point, divergèrent dans trois
directions principales. Du premier proviennent les peuples cha-
mo-sémitiques, qui fondèrent la civilisation assyrienne ; le second
comprend les populations aryanes, qui, à elles seules, ont envahi
et civilisé presque tout l'univers. Les Aryans proprement dits des-
cendirent dans l'Inde, et de ce grand tronc se détachèrent d'abord
les Aryans-Iraniens, qui allèrent continuer l'œuvre des Sémites, et
les Aryans-Hellènes, qui devaient subjuguer un jour leurs frères
aînés. Puis partirent de l'Inde des colonies, déjà quelque peu al-
térées, qui allèrent civiliser, en Chine, les hommes jaunes presque

purs ; en Égypte, les hommes noirs et les Chamites, profondément mélanisés. Enfin du grand tronc aryan sont encore sortis plus tard les Germains, fondateurs de la civilisation moderne. Les trois civilisations américaines ne sont que la faible expression de quelques relations incomplètes ou passagères entre l'ancien et le nouveau monde. Quant à la civilisation italique ou romaine, nous verrons plus loin ce qu'en pense l'auteur.

Les premiers mélanges de races accomplis aux bords du Tigre et de l'Euphrate, dans les plateaux de l'Iran, sur les rives du Gange ou du Nil, eurent lieu entre des races pures ou presque pures. Ainsi s'explique, d'après la théorie que j'examine, l'énergique vitalité des anciens empires. Toutefois ils portaient en eux un germe de mort. En Chine, il est vrai, la race jaune, grâce à ses instincts utilitaires et calmes, est restée à peu près immobile sous l'empire des institutions que lui imposèrent les initiateurs blancs ; dans l'Inde, le régime des castes, en conservant aux chefs de la nation une pureté de sang relative, introduisit dans la société un élément de durée presque indéfinie ; mais partout ailleurs le blanc, d'abord séparé du noir, s'unit bientôt à son esclave, et son sang, de plus en plus dilué par des croisements incessants, perdit ses vertus premières. La décadence commença. Un moment vint où, jusque dans les veines des plus hautes classes, le sang noir surpassa le sang blanc en quantité, et alors vint le moment de la ruine. Ainsi finirent ces antiques civilisations d'Asie et d'Afrique qui datent des premiers âges historiques, et qui, par la grandeur des vestiges qu'elles ont laissés en disparaissant, attestent encore la puissance des métis enfantés par les premiers croisements des races primitives.

Les civilisations européennes ne pouvaient avoir ni la même énergie ni la même durée. Toutes ont eu pour base des peuples cent fois métis, auxquels venaient se mêler des éléments blancs déjà profondément altérés eux-mêmes. La Grèce primordiale par exemple apparaît à M. de Gobineau comme peuplée moitié d'habitants autochtones, descendus de ces peuples jaunes que nous avons vus sortir d'Amérique, et moitié de colons sémitiques. Abandonné à lui-même, ce double fond de population n'eût pu que s'abaisser de plus en plus ; mais Deucalion, père d'Hellen et fils de Prométhée, rattache tous ses descendants à la race des Titans. Ceux-ci sont eux-mêmes fils d'Ouranos, et celui-ci n'est autre chose que Varounas, le dieu primitif des Aryans, antérieur et supérieur à Indra. Les Titans, grands-pères des Hellènes, sont donc de véritables Aryans. De cette source, la plus noble et la plus pure, est sorti le sang régénérateur qui seul pouvait enfanter la civilisation grecque. Les Aryans-Hellènes arrivèrent par le nord, dispersant et détruisant les peuples jaunes. S'avançant plus au sud, ils rencontrèrent les Sémites, et se croisèrent avec eux. De cet hymen, où le sang noir, adouci par la prédominance du sang blanc à peine nuancé de jaune, jouait un rôle considérable, résulta cette civilisation brillante dont aucune n'a égalé les merveilleux monuments, mais où manquait le sens pratique et utilitaire. Malheureusement, dans la Grèce méridionale, les croisements répétés avec des peuples sémitiques et chamites amenèrent une prompte dégénérescence. Alors le nord, où le sang blanc était resté relativement pur, acquit une supériorité irrésistible. Ainsi s'explique l'ascendant des Macédoniens à l'époque de Philippe et d'Alexandre ; mais bientôt les conquêtes mêmes de ce dernier dispersèrent les dernières gouttes du sang aryan. Au milieu des races mélanisées de l'Asie et de l'Afrique, les civilisations grecque, persane, sémitique et égyptienne se fondirent en une sorte d'état bâtard sans caractère propre, incapable de rien produire de bon ou de beau, et la dégradation générale fit de rapides progrès.

Si l'on accorde à M. de Gobineau ses Pélasges-Mongols et ses Grecs-Aryans, si l'on néglige l'empire des Séleucides, et surtout celui des Lagides, si l'on prend pour unique terme de comparaison le siècle de Périclès, on pourra se trouver à peu près d'accord avec lui. L'histoire de la Grèce est certainement celle qui se prête le mieux à l'application de sa doctrine. Il n'en est pas de même lorsqu'il s'agit de l'Europe occidentale et de Rome. Ici les faits, un peu mieux connus, le dominaient davantage, et, quoiqu'il ait laissé encore une assez large part à l'hypothèse, il n'a pu les empêcher de conclure péremptoirement contre lui.

Et d'abord quels ont été les premiers habitants de l'Europe ? On a vu déjà comment M. de Gobineau répond à cette question. Pour lui, ce ne sont plus seulement les Finnois, ce sont les représentants purs ou presque purs de la race jaune qui ont précédé tous les peuples européens dont parle l'histoire. À l'appui de cette opinion, il invoque des considérations tirées de plusieurs ordres de faits et attache surtout une grande importance aux ressemblances, fort curieuses en effet, qu'offrent entre eux certains instruments, ustensiles ou monuments primitifs, observés en Europe, dans l'Asie septentrionale, et jusqu'en Amérique. De ces rapports entre des industries élémentaires, il conclut à l'unité de la race qui les exerçait, et naturellement il adopte, mais en les poussant jusque dans leurs dernières conséquences, les idées des antiquaires Scandinaves sur les populations de l'âge de pierre. Les objections adressées à ses ingénieux devanciers s'appliquent également à lui, et bien plus encore ; mais je crois inutile d'entrer ici dans une discussion où j'ai été précédé par de plus habiles. Je me bornerai donc à dire que l'interprétation donnée des mêmes faits par M. Maury me semble à la fois plus simple et plus naturelle. Des populations également sauvages, disposant de matériaux semblables, ont nécessairement dû se rencontrer dans les moyens de satisfaire à des besoins identiques. Pour expliquer ce résultat, il n'est pas nécessaire de supposer qu'elles appartenaient à la même race.

À ce fond exclusivement jaune, l'auteur de l'*Essai* ajoute divers peuples blancs, déjà profondément altérés, et qui, par leur croisement avec les premiers habitants du pays, ne tardèrent pas à s'abaisser. Parmi ces nouveau-venus, il compte entre autres les Slaves, *les plus abâtardis de tous ces métis* ; qui envoyèrent pourtant des colonies jusqu'en Italie et en Espagne, où de nouvelles alliances avec les populations locales les dégradèrent encore. Telle est l'origine attribuée aux Rhasènes ou Étrusques primitifs et aux Ibères. — Je ne dirai rien des premiers : nous en savons vraiment trop peu de chose. Quant aux seconds, j'ai pu les observer dans leurs descendants directs, dans ces Basques, que leurs hautes montagnes ont protégé » contre les invasions de toute nature [16]. Or le portrait qu'en a tracée M. de Gobineau est pour ainsi dire la contre-partie de ce que j'ai vu. Il les représente comme ayant une humeur taciturne, un caractère lourd et rustique, des habitudes sombres : je leur ai trouvé, en-deçà comme au-delà de nos frontières, une humeur profondément gaie, un esprit de repartie remarquable, un talent d'improvisation presque général, des habitudes sociables. En outre, contrairement à toutes les opinions reçues, et bien entendu sans les discuter, l'auteur regarde les Basques actuels comme ayant été produits par la fusion d'une foule de races distinctes qui seraient venues successivement chercher un refuge dans ces régions montagneuses ; en conséquence, il déclare que cette population manque complètement d'homogénéité. C'est précisément le contraire qui m'a vivement frappé. Lorsqu'une solennité quelconque appelait à Saint-Sébastien tous les montagnards des environs, il était impossible de ne pas voir dans cette multitude un peuple de cousins ou de frères.

Aux Ibères et aux Rhasènes vinrent se joindre dans l'ouest de l'Europe les Galls, Gaels, Celtes ou Kymris. Tout en reconnaissant à cette grande race une origine blanche, tout en lui attribuant certaines aptitudes, M. de Gobineau se montre fort sévère à son égard. Entraîné par les faits qu'accumulent la tradition et l'histoire, il retrouve, d'abord en elle les traits physiques et les principaux caractères moraux qu'il a vantés chez les Aryans, les Iraniens, les Hellènes ; il prouve combien les populations gauloises étaient éloignées de l'état sauvage et de la barbarie ; puis, revenant en quelque sorte sur ses pas, il nous montre dans les Celtes une race surtout agricole, industrielle, commerçante, et dont la renommée militaire se fonde uniquement sur quelques invasions qu'effectuèrent presque par nécessité quelques peuplades exilées. En un mot, il fait des Galls un peuple foncièrement utilitaire, accusant une forte immixtion de sang jaune et frappé par conséquent d'un cachet ineffaçable d'infériorité.

Cette conclusion me paraît peu en harmonie non-seulement avec-les faits universellement admis, mais encore avec la donnée fondamentale et la manière habituelle de procéder de l'écrivain. On comprendrait qu'il eût montré dans les populations gauloises subjuguées par les Romains les métis dégénérés des premiers Galls : la préexistence d'une race entièrement jaune aurait expliqué à son point de vue cette dégradation ; mais rien dans l'ouvrage ne vient motiver l'opinion exprimée sur la race gallique, considérée en elle-même et abstraction faite de tout mélange. Peut-être, à son insu, M. de Gobineau a-t-il été dominé par une idée qui se développera plus loin. Pour pouvoir rapporter aux seuls Germains toute la civilisation occidentale, pour pouvoir attribuer à ce rameau privilégié de la race blanche tout ce que les temps modernes ont produit de grand, de bon ou de beau, il fallait bien que ses prédécesseurs n'eussent eu que peu ou point de mérites, et cette idée préconçue, dont l'auteur ne s'est certainement pas rendu compte, l'a conduit parfois à peindre sous les couleurs les plus défavorables, lorsqu'il s'agit des Galls, précisément ce qu'il admire et pare des teintes les plus poétiques dès que les Germains sont en scène.

Pour justifier ce reproche, il suffira de signaler la manière dont sont appréciées les religions des deux peuples. Sans doute M. de Gobineau ne peut méconnaître entièrement ce qu'avaient d'élevé et de spiritualiste certains dogmes et certains rites druidiques. Il signale lui-même ce que le corps sacerdotal gallique, voué à la contemplation et à l'étude, façonné aux fatigues et aux austérités, étranger à l'usage des armes et supérieur à la société laïque qu'il est chargé de diriger, offre d'analogies avec les *puoritas* des premiers Hindous, c'est-à-dire avec les prêtres les plus parfaits des âges passés ; mais en même temps il nous parlé d'un culte morose et chagrin, d'une religion qui repose en entier sur de sombres superstitions et réclame des scènes mystérieuses et tragiques. Il peint des couleurs les plus sombres les sacrifices humains s'accomplissant dans des *forêts humides* où tombent à peine *quelques pâles rayons de lune* et renvoyant le Gall *hébété d'épouvante*. Il reproche amèrement aux druides de ne pas avoir imité les *puoritas* en publiant leurs dogmes secrets, et les peint s, abrutissant de plus en plus par une ignorance réelle et un charlatanisme coupable.

S'agit-il des Germains ou de leurs descendants, tout s'embellit au contraire, et c'est à peine si le tableau conserve quelques ombres. Les forêts où le fils des Roxolans croit sentir la présence de ses dieux s'éclairent des *feux du soleil couchant*, et n'ont plus que majesté et grandeur. Ces dieux eux-mêmes se spiritualisent et ne se révèlent qu'à l'imagination. Il est vrai que les Longobards se prosternent devant un serpent d'or, que les Saxons vénèrent le groupe mystérieux formé par le lion, l'aigle et le dragon, mais c'est seulement parce qu'ils croient trouver dans ces objets une émanation de leurs divinités ! Il est vrai encore que les tribus germaniques adoptèrent la déesse Nerthus et le sanglier de Freya, mais M. de Gobineau assure que ce fut de leur part un acte politique et de pure condescendance pour les instincts inférieurs des races conquises. Enfin, si chez le Germain on immole aussi des hommes, ce n'est plus par suite de croyances religieuses : le prêtre est le vengeur de la société ; il n'y a pas là de sacrifice, mais une punition qui anoblit à la fois la victime et le sacrificateur. — Après ce dernier trait surtout, il me paraît difficile de ne pas reconnaître en M. de Gobineau un juge quelque peu prévenu.

À l'époque de la fondation de Rome, les races européennes s'étaient de plus en plus mélangées, et partout le sang jaune avait exercé sa funeste influence. En Italie, la confusion ethnique était pire encore. Ici, à côté d'aborigènes, presque tous Celtes abâtardis ou Rhasènes à peine mélangés de Slaves, on trouvait des Venètes qui se rattachaient à ce même tronc, des Sicules sortis de la Sicile, des Ibères venus d'Espagne, des Celtibères arrivés par les Gaules, etc. — Vers le Xe siècle avant notre ère, des colonies grecques, déjà fortement sémitisées, s'étaient arrêtées sur les côtes, avaient apporté des éléments nouveaux et accru cette confusion ethnique. Dans le me siècle, les Grecs tyrrhéniens abordèrent à leur tour au milieu de ces populations si mélangées ; mais, plus purs que les précédents, ils renouvelèrent le sang des Rhasènes et jouèrent, sous le nom de Lucumons, un rôle considérable. Bientôt en guerre avec leurs voisins, ils s'agrandirent de plus en plus, et auraient, dit l'auteur, pris la place que tinrent plus tard les Romains, s'ils n'avaient laissé échapper de leur sein un germe fécond qui devait les étouffer. Pour entamer la confédération latine, ils jetèrent sur la rive gauche du Tibre et sur le premier point venu une petite colonie sous les ordres de deux aventuriers. Ceux-ci appelèrent à eux tous les gens sans aveu, qui arrivèrent de toutes parts et de toute race. À ce ramassis de bandits les véritables fondateurs imposèrent une aristocratie tirée de leur sein et un gouvernement calqué sur le leur propre. Tels furent donc les commencements de Rome, de cette ville qu'attendaient de si grandes destinées, et qui pourtant, si M. de Gobineau est dans le vrai, aurait dû être frappée de dégradation dès son origine par suite de l'hétérogénéité de ses éléments ethniques.

Rome étrusque grandit par des procédés fort analogues à ceux qui lui avaient donné naissance : elle conquit et s'assimila quelques tribus voisines, elle accueillit les vaincus et les fuyards de tout pays, ajoutant ainsi chaque jour à cette confusion de races qui aurait dû la perdre d'après la nouvelle théorie. Et pourtant quel fut le résultat de ces croisements ? Il en sortit, on le sait, une race rustique, il est vrai, et inférieure en culture intellectuelle à la race étrusque tyrrhénienne, mais pleine d'énergie et de vitalité, amoureuse de la liberté au dedans, de la domination au dehors, et qui chassa bientôt avec ses rois l'aristocratie lucumone, c'est-à-dire le seul élément de progrès qu'elle possédât, si l'on admet les idées que nous discutons.

Cette perte de ses citoyens blancs les plus purs arrête-t-elle un instant Rome naissante ? L'histoire est là pour répondre. Le Latium d'abord, les Lucumons ensuite, puis l'Italie entière, y compris les Galls de l'Ombrie, tombent tour à tour sous sa loi. La Rome étrusque est devenue la Rome italiote. — M. de Gobineau trouve ces progrès tout simples ! Avec sa théorie, ils sont au contraire inexplicables. Puisque la population romaine était le résultat du croisement de toutes ces races, puisqu'elle n'avait reçu aucun élément particulier propre à la relever, elle était ethniquement moins pure que chacune des nations qu'elle attaquait. Or nous voyons cette population, de plus en plus mélangée, acquérir chaque jour des forces nouvelles, devenir irrésistible, et quand elle se mesure avec les fils des Roxolans eux-mêmes, avec ces Germains placés si haut dans l'esprit de l'auteur, c'est encore elle qui l'emporte. — Le croisement a-t-il eu ici de bons ou de mauvais résultats ? a-t-il produit une race supérieure ou inférieure ? Je laisse le lecteur lui-même répondre à ces questions.

La force d'expansion régulière et contenue, la puissance d'assimilation ne sont-elles pas les caractères d'une race profondément énergique et d'une civilisation puissante ? Et pourtant c'est tout au plus si M. de Gobineau trouve une nation dans Rome, c'est à peine s'il accorde qu'il y ait eu une civilisation romaine ! Dans la première, il voit à chaque instant les éléments sabins, sicules, grecs ou gaulois, et leur fusion, si évidente pourtant, lui échappe sans cesse. En parlant de la seconde, il dit volontiers *la culture romaine*. Il lui reproche tout, hommes et choses, et je ne vois pas qu'il ait rien trouvé à louer. Mais alors, pourrait-on demander, comment se fait-il que Rome ait pu grandir ? comment se fait-il même qu'elle ait pu vivre ? Cette question, l'auteur n'a pas songé à la poser, et en vérité, pour qui regarde les mélanges ethniques comme dégradant et abaissant nécessairement l'espèce humaine, la réponse était difficile.

Après avoir subjugué l'Italie, Rome subjugua le monde, et, qui plus est, elle le *romanisa*. Cependant, et M. de Gobineau insiste lui-même sur ce point, ses éléments premiers avaient disparu : aux métis de blancs et de jaunes s'étaient joints ou substitués les métis de Sémites et de Chamites. Au temps des Caligula et des Néron, le sang national primitif était dilué au point de ne pas laisser de vestiges. Rome avait-elle pour cela perdu son ascendant, et quand elle rencontrait des chefs dignes d'elle, ne reparaissait-elle pas tout entière ? Les règnes des Trajan et des Marc-Aurèle sont là pour nous montrer comment elle retrouvait alors ses instincts et ses forces. Pour interpréter ce phénomène social, je me servirai d'une comparaison toute physiologique employée par l'auteur à un point de vue un peu différent. Les nations naissent et croissent à peu près comme le corps humain. Celui-ci, soumis au *tourbillon vital* [17], grandit et se développe en perdant à chaque instant quelque chose de sa substance, mais en gagnant plus qu'il ne perd. Il résulte de là que tout ou presque tout en lui est changé au bout d'un temps donné, et cependant l'individualité persiste. Que l'enfant soit robuste et vivace, et les aliments, quelque nombreux et variés qu'on les suppose, viendront prendre place sans peine dans cet organisme, toujours le même malgré ses transformations incessantes. Tel est le spectacle offert par ces petites bourgades qui devinrent la ville éternelle. Dès le début, et bien plus encore à partir de l'expulsion des Tarquins, Rome déploie une individualité caractéristique. Il n'y a plus dans ses murs d'Ibères, de Galls, de Rhasènes ; il n'y a plus que des Romains, et tout ce qu'elle s'adjoint revêt rapidement le même caractère. Qu'importe dès-lors que ses éléments premiers viennent à disparaître ou à s'effacer ? L'avenir est assuré.

Cependant, comme tout ce qui a vie sur terre, Rome devait vieillir et mourir. À qui s'enquiert des causes de cette décadence et de cette fin, M. de Gobineau répond uniquement par les mélanges ethniques. C'est un peu comme si l'on expliquait la vieillesse et la mort de l'homme par la variété de ses aliments. Or la physiologie nous enseigne que cette variété est nécessaire, que l'usage d'une nourriture trop simple équivaut à l'inanition. En serait-il de même pour les peuples, et l'action d'une race n'agissant que sur elle-même, ne recevant rien du dehors, conservant par conséquent sa pureté entière, aboutirait-elle à la mort ? Non, sans doute ; mais un semblable régime social aurait inévitablement pour suite au moins un sommeil semblable à celui qui a frappé les populations chinoises et la société brahmanique elle-même, cette fille aînée des purs Aryans.

Rome mélangea tous les peuples, et par ce crime, que l'*Essai* déclare irrémissible, elle amena une dégradation ethnique universelle qui nous eût plongés depuis longtemps dans je ne sais quels abîmes de misère et d'avilissement, si la race qui devait à elle seule renouveler toutes les civilisations passées et faire accomplir à l'humanité sa dernière évolution n'eût à son tour paru sur la scène du monde ; Connue des écrivains chinois sous le nom de *khou-té*, des poètes hindous sous celui de *khétas*, cette race était un peuple vratya, c'est-à-dire rebelle aux lois du brahmanisme, mais de même souche que les Aryans primitifs. Abandonnant leur première patrie, située au nord de l'Himalaya, ces peuples se dirigèrent vers l'ouest et portèrent successivement les noms de Gètes, de Scythes, de Sakas, de Sarmates, de Saxnas, de Saxons, dénominations qui toutes désignent une ou plusieurs branches du même tronc. Un des rameaux les plus puissants, celui des Roxolans, vint, après bien des vicissitudes et des changements de nom, s'établir autour de la Baltique et dans la presqu'île Scandinave (*Skanzia*, terre des Sakas). Devenus bientôt très nombreux, ils émigrèrent en divers sens, comme autant d'essaims qui quittent une ruche trop pleine.

À partir de ce moment commence l'ère de la régénération. Si les Cimbres et les Teutons résistent si vaillamment aux Romains, c'est que le sang Scandinave s'est mêlé dans leurs veines au sang finnisé des Celtes. Si les tribus de Reims et de Beauvais sont aux yeux de César les premiers des Gaulois, c'est qu'une colonie norvégienne est arrivée jusque-là et a relevé leur sang celtique. La supériorité des Belges, des Suèves, des compagnons d'Arioviste, n'a pas d'autres causes. Enfin, si les soldats de Vercingétorix rivalisent d'énergie avec les populations d'outre-Rhin, c'est toujours, d'après M. de Gobineau, uniquement parce qu'une colonie de métis celtes et Scandinaves s'était implantée de gré ou de force dans le pays des Arvernes peu de temps avant la venue de César.

L'auteur considère comme des Scandinaves purs ou presque purs, au moins dans les chefs qui les menaient au combat, les Goths, les Vandales, les Longobards, les Burgondes, les Franks et surtout les Saxons. Toujours d'ailleurs il mesure l'influence exercée par ces divers peuples d'après le plus ou le moins de sang aryan qui coule dans leurs veines. La même règle lui sert à apprécier les vertus, les aptitudes, les qualités de toute nature des individus. Un chapitre spécial est destiné à montrer combien sous tous ces rapports le Scandinave, l'*Aryan-Germain*, l'emporte sur le Celte et toutes les autres races occidentales. Je ne discuterai pas un panégyrique qui commence par cette déclaration : « L'homme est l'animal méchant par excellence, » et où l'écrivain, en vertu de ce principe, explique, excuse et glorifie presque la conduite de ces hordes qui semaient autour d'elles le massacre et la dévastation. Je me bornerai à dire qu'ici plus qu'ailleurs on trouve la trace des préventions que j'ai déjà signalées, et la preuve de la fascination qu'exercent sur M. de Gobineau la beauté du corps, des traits et de la chevelure, la force musculaire, l'amour effréné de la bataille, l'esprit d'indépendance poussé jusqu'à l'insociabilité.

Pressé de tous côtés par les masses germaniques, le monde romain avait cédé et s'était laissé pénétrer en tout sens. Alors commença une lutte dont l'auteur de l'*Essai* esquisse les phases principales en se plaçant toujours au même point de vue ; alors aussi se présente un fait sur lequel il glisse rapidement, qui au contraire me paraît être des plus graves et conclure péremptoirement contre ses idées.

Dans cette guerre entre le germanisme et la romanité, cette dernière, quoique bien caduque, n'est d'abord vaincue que sur le champ de bataille ; partout ailleurs c'est elle qui dompte ses vainqueurs, trop peu nombreux pour faire autre chose que dominer matériellement. Tant que ce rapport subsiste, la civilisation se maintient ; mais à mesure que se prononce davantage l'élément extra-romain, c'est-à-dire *aryan-germain*, pour parler comme l'auteur, ou barbare, pour employer le langage ordinaire, la société, loin de s'élever, s'affaisse davantage, et alors commencent ces terribles temps du moyen âge qui préparèrent la société moderne par un procédé justement comparé à celui qui servit à rajeunir le vieil OEson. Plus tard, quand les ténèbres se dissipent, où se montrent les premières lueurs du jour nouveau ? Est-ce dans les régions les plus fortement aryanisées ? est-ce en Norvège, en Angleterre, dans ce Hanovre où, au dire de M. de Gobineau, se conserve plus pur que partout ailleurs le vieux sang aryan-germanique ? Personne n'ignore que c'est précisément le contraire. La barbarie n'a jamais été aussi complète, la renaissance s'est montrée d'abord dans les contrées les moins germanisées, dans celles qui conservaient le plus de sang hellène, romain, celtique et même sémitique, par conséquent dans celles qu'auraient dû abaisser à tout jamais les mélanges ethniques les plus multipliés et les plus complexes.

C'est là ce que contesterait probablement M. de Gobineau, car il trouve en Europe, du IXe jusqu'au XIIIe siècle, *trois contrées dominant moralement toutes les autres*, et ces centres sont : la Haute-Italie, où règnent les Longobards ; les contrées moyennes du Rhin, où les Germains, presque partout ailleurs envahis par la race slave, se sont conservés à peu près purs ; enfin la France septentrionale, où commandent les Franks.

Cet appel fait à l'histoire me semble aisé à réfuter. Remarquons d'abord que l'auteur ne compte parmi les centres moralement dominateurs ni la France méridionale, où la culture gallo-romaine, de nouveau florissante, fut si déplorablement écrasée par les croisés du nord, ni l'Espagne, où les Almoravides et les Almohades avaient développé une civilisation si remarquable au milieu de populations bien mélangées pourtant. En outre, si ces idées sont vraies, on est en droit de s'étonner que, parmi les centres indiqués, ne figurent aucun des lieux où la race civilisatrice avait conservé le plus de pureté, tels que la Scandinavie ou l'Angleterre. Enfin, sur les trois points cités dans le livre sur l'*Inégalité des races*, deux au moins ont été représentés comme peuplés de multitudes profondément avilies par le croisement ; le nombre des envahisseurs Scandinaves était relativement fort petit. Le réveil si prompt de ces populations au contact de la race blanche témoignerait donc en faveur des idées que j'ai soutenues bien plus qu'il ne serait favorable à celles que je combats.

L'auteur reconnaît, il est vrai, que l'Italie d'abord et la France ensuite donnèrent le signal de la grande renaissance d'où date l'ère moderne ; mais il est aisé de comprendre que le caractère essentiellement helléno-romain de ce mouvement ne saurait lui plaire. Bien loin d'y trouver un progrès, il y voit le signe de la résurrection ethnique du passé, le présage d'une confusion de sang *qui nous ramènera à une romanité nouvelle*, en fondant toutes les races : il y voit, par conséquent, le présage d'une rapide et inévitable dégradation. Déjà, à l'en croire, le mal a fait de terribles progrès et se propage de plus en plus en remontant vers le nord. L'Italie, l'Espagne, la France méridionale et centrale, la Grèce, la Turquie, les contrées danubiennes sont toutes gangrenées à des degrés divers ; l'Autriche se défend en vain, grâce à ses Magyars, qu'on est quelque peu surpris de trouver si rapprochés des Scandinaves ; la Prusse n'est pas plus heureuse ; la Russie, toute peuplée de Slaves, est condamnée d'avance. En somme, les seuls points où un reste de vie se débat encore contre le triomphe infaillible de la *confusion romaine* est le territoire que circonscrirait une ligne partant de Tornéo, enfermant le Danemark et le Hanovre, descendant le Rhin jusqu'à Bâle, enveloppant l'Alsace et la Haute-Lorraine, suivant à peu près le cours de la Seine et se repliant pour embrasser l'Angleterre et l'Islande.

Ainsi donc il n'y a plus rien à espérer de l'Europe. Sur tout son territoire, la fusion des races, c'est-à-dire la dégénérescence ethnique, qui entraîne toutes les autres, est accomplie ou sur le point de s'accomplir, et l'agonie de ses sociétés a déjà commencé. Est-il quelque autre point du globe où l'humanité régénérée puisse enfanter des civilisations nouvelles ? L'Amérique en particulier réserve-t-elle au genre humain des destinées encore inaperçues ? M. de Gobineau ne le pense pas. Les races américaines sont pour lui les restes, les traînards de la grande invasion jaune dont nous avons parlé plus haut. À ce titre, elles ne peuvent pas par elles-mêmes s'élever au-dessus de l'état de tribus errantes et sauvages. Leurs instincts sont d'ailleurs foncièrement mauvais. Sur ce point, l'auteur accepte sans discussion tout ce qu'ont dit de pire des aborigènes américains les voyageurs qui, comme MM. Spix et Martius, n'ont guère vu que les débris des tribus traquées depuis la conquête, ou leurs descendants abrutis par la persécution et un véritable esclavage. Ce n'est pas à l'aide de pareils témoignages ni sur de semblables spécimens qu'il faut apprécier ces malheureuses populations. Autant vaudrait juger de la race celtique d'après les écrits de certains orangistes et les exploits nocturnes des *white-boys* irlandais. C'est aux premiers voyageurs, aux anciens missionnaires, qu'il faut s'adresser. Ne citons qu'un pays et qu'un seul peuple, les Séminoles, dont le nom revient parfois dans les journaux ; qu'on lise l'histoire de l'expédition de Sotto, qu'on parcoure les voyages de Bartram en Floride, et on restera convaincu de tout ce qu'il y a de peu fondé dans les appréciations qui nous occupent.

M. de Gobineau se tient dans une sage réserve au sujet de la civilisation alléghénienne, dont nous ne savons à peu près rien ; il est bref et sévère dans ses jugements sur les civilisations péruvienne et mexicaine. Examinant ensuite ce qu'il faut attendre des colonies européennes, il a naturellement le plus profond dédain pour ces Portugais, ces Espagnols, déjà cent fois métis, qui ont encore abaissé leur sang et leur race par de nouveaux croisements avec les nègres ou les Américains. Au nord seulement, il aperçoit un groupe blanc relativement pur, celui des Anglo-Américains ; mais là aussi le mélange des races a porté ses fruits. Quoique fier encore de son vieux nom de Saxon, l'habitant des États-Unis n'est qu'un fils bien dégénéré des anciens Scandinaves. Cependant il a conservé l'énergie native de sa race, et le chasseur du Kentucky, appuyé sur son *rifle*, représente pour les peuples mélanisés du sud le Longobard, le Frank, le civilisateur des siècles passés. À lui donc est réservée la conquête légitime de tout le nouveau continent ; mais là s'arrêtera sa puissance. Chaque jour, de plus en plus noyée dans le flot d'émigrants irlandais, allemands, français, italiens, etc., la population des États-Unis marche vers l'anarchie ethnique tout aussi bien que les nations européennes. Tout se réduira donc pour elle à une prise de possession matérielle que rien ne saurait empêcher, si ce n'est peut-être une guerre éclatant dans son propre sein ; mais elle est déjà trop viciée pour rien enfanter de nouveau, trop affaiblie pour nous retenir sur la pente qui mène à l'abîme.

L'humanité, d'après M. de Gobineau, ne vit que par la race blanche ; encore faut-il entendre par là le grand tronc aryan presque seul. Or en réalité cette race a disparu. Après avoir passé l'âge des dieux, où elle était entièrement pure, l'âge des héros, où les mélanges étaient modérés de nombre et de force, l'âge des noblesses, où des facultés grandes encore n'étaient plus renouvelées par des sources taries, elle s'est acheminée vers la confusion définitive par suite de ses hymens hétérogènes ; elle n'est plus représentée que par des hybrides. Le sang aryan, sans cesse dilué, atteindra bientôt les termes extrêmes de sa division. Alors s'ouvrira l'ère de l'unité. Dans chaque homme, le principe blanc sera aux éléments inférieurs dans le rapport de 1 à 2, proportion d'autant plus déplorable qu'elle viendra à la suite d'une infinité de mélanges, c'est-à-dire de flétrissures. Alors aussi régnera en tout et partout une médiocrité absolue bien proche du néant. « Les nations, non, les troupeaux humains, accablés sous une morne somnolence, vivront dès-lors engourdis dans leur nullité comme des buffles ruminants dans les flaques stagnantes des Marais-Pontins... Nos honteux descendants céderont à la vigoureuse nature l'universelle domination de la terre, et la créature humaine ne sera plus devant elle un maître, mais seulement un hôte, comme les habitants des forêts et des eaux. »

J'ai cité textuellement, pour ne pas être accusé de forcer les idées de l'écrivain. On voit quel avenir il prédit à Inhumanité. Sans trop faire les glorieux, nous pouvons espérer autre chose. Nos ancêtres, Aryans ou Germains, étaient bien autrement que nous soumis à la nature. On n'est pas près de se laisser écraser par elle quand on vient d'inventer les *steamers*, les locomotives, les télégraphes électriques, les agents anesthésiques, c'est-à-dire quand on est parvenu à anéantir les distances, à se passer du temps, à supprimer la douleur.

Heureusement ce misérable état ne sera pas de longue durée. À en croire l'auteur de Y Essai, un des effets du mélange des races est de réduire les populations à un chiffre de plus en plus petit. Si Babylone et Ninive sont aujourd'hui désertes, la cause en est avant tout aux croisements. Ainsi l'humanité se dégrade et s'efface dans la même proportion. On peut donc prévoir quand elle finira. Or la famille aryane elle-même était profondément altérée au commencement de notre ère. Six ou sept mille ans avaient suffi pour flétrir dans son essence cet élément indispensable à toute société, pour semer en tout lieu des germes de décrépitude. La fusion si largement commencée se continue depuis dix-huit siècles. Aujourd'hui elle s'est créé des moyens d'action bien autrement puissants que par le passé, et l'amalgame complet de toutes les races mettra certainement à s'accomplir moins de temps qu'il n'en a mis à se préparer. Alors l'espèce, entièrement souillée et par cela même frappée de stérilité, disparaîtra de ce monde. Ainsi l'existence de l'homme aura présenté une durée d'environ douze à quatorze mille ans, partagée en deux périodes : la première, qui est passée, a vu la jeunesse, la vigueur, la grandeur de l'humanité ; la seconde, déjà commencée, en verra la défaillance, la décrépitude et la fin.

Telle est la conclusion du livre que j'examine. Je n'ai pas besoin de dire qu'ayant combattu les prémisses, je ne saurais adopter les conséquences. L'humanité a commencé, elle finira, je ne le mets pas en doute ; mais rien dans son passé n'autorise encore une science quelconque à former même une simple conjecture sur l'époque et le mode de cette extinction. Les chiffres que j'ai cités plus haut, et que j'aurais pu multiplier aisément, prouvent que les métis des races les plus éloignées, ceux du blanc et du noir, du blanc et du rouge, se multiplient rapidement, alors même que le préjugé et les mœurs s'opposent à la formation d'une race mixte. Bien loin de démontrer l'infériorité de cette race, les faits nous apprennent qu'elle acquiert rapidement les aptitudes de la souche supérieure, et que parfois elle en présente de nouvelles, et de la nature la plus élevée, qui lui appartiennent en propre. Rien par conséquent ne motive le long cri de détresse arraché à M. de Gobineau par la fusion prochaine des familles humaines.

Ici je suis heureux de me rencontrer avec M. Maury, l'auteur d'un excellent petit livre où l'histoire des races humaines occupe une large place. Le mouvement accéléré qui semble précipiter ces races les unes vers les autres ne pouvait lui échapper ; mais, instruit par une juste appréciation du passé, il ne s'est pas effrayé de ces tendances. L'histoire ethnographique lui montre, à l'origine et à l'âge des peuplades ou des tribus, de petits groupes humains exclusivement chasseurs, pêcheurs, pasteurs, et nomades, ou sédentaires et agriculteurs, employant toute leur intelligence à satisfaire des besoins simples comme leur genre de vie. Tant que l'isolement persiste, il voit ces rudiments de société rester stationnaires, parce que, rien ne révélant à l'homme de nouveaux cercles d'idées, il ne sent en aucune manière la nécessité d'innover. Vienne le contact, vienne le mélange, et plus tard l'union : à l'instant, la scène change. Les nations naissent, la société se complique, de nouveaux besoins surgissent, et en même temps les moyens d'y satisfaire. L'adresse, l'esprit de ruse et de ressource des chasseurs, la hardiesse calme, le génie maritime des pêcheurs, l'esprit contemplatif et réfléchi des pasteurs, l'habileté manuelle, l'instinct commercial des agriculteurs se trouvent en présence et se font de mutuels emprunts. Les causes de travail se multiplient, et l'intelligence, sans cesse sollicitée, s'élève et s'étend, en tous sens. Ainsi se sont formées les civilisations passées, ainsi naîtront les civilisations à venir ; mais celles-ci,

Armand de Quatrefages

héritières de leurs sœurs aînées, se développeront évidemment sur une base plus large et plus haute. Si à certains égards elles restent inférieures à leurs devancières, si elles ne reproduisent pas certaines œuvres merveilleuses de grandeur ou de perfection, si elles n'élèvent pas une autre Babel, ne creusent pas de nouvelles caves d'Ellora, ou ne sculptent plus de Vénus de Milo, que prouvera ce fait, sinon que l'homme ne peut atteindre à la fois à tous les points extrêmes de son horizon ?

La race blanche, incontestablement supérieure à toutes les autres, a bien évidemment reçu une mission providentielle, celle de rapprocher, de mélanger toutes les familles humaines en multipliant leurs rapports. M. Maury pense que l'homme, ainsi placé en face de conditions chaque jour nouvelles, développera toutes ses aptitudes, toutes ses facultés. En ceci encore je partage sa manière de voir. Toutefois, sans admettre en entier les idées de M. de Gobineau sur la fusion complète des races et la formation d'une population commune à la terre entière, M. Maury présume que cette population, possédant un même développement d'intelligence, accomplira partout ce qui aura été accompli quelque part. Je ne crois à rien de semblable. Les inégalités les plus choquantes disparaîtront, les caractères trop disparates s'effaceront, je n'en doute pas : les races inférieures se relèveront ou périront sans que leurs initiateurs aient pour cela à s'abaisser ; mais l'unité, l'uniformité, sous quelque forme que ce soit, ne sera jamais le résultat de cette action. L'influence des milieux maintiendra toujours dans notre espèce une certaine variété. Tant que la terre aura un équateur et des pôles, un ancien et un nouveau continent, une Europe et une Australie, il existera des races humaines physiquement différentes et distinctes de caractère et d'instincts, comme elles le seront par leurs besoins.

Nous assistons au début d'une crise à la fois physique et morale, qui s'étendra tôt ou tard à tout le genre humain. Sous l'action des influences extérieures et du croisement opéré sur une immense échelle, nous voyons déjà poindre des races nouvelles. Celles-ci se caractériseront avec le temps, et il se produira quelque chose d'analogue à ce qui s'est passé à l'aurore des sociétés antiques, quand avaient lieu les grandes migrations dont l'histoire a conservé la tradition. Seulement aujourd'hui les éléments sont tout autres, et si le résultat général peut être prévu, nul ne saurait soupçonner encore ce que sera la nouvelle humanité résultant de la fusion des peuples modernes. De toutes les questions que provoque cet avenir, une seule me semble pouvoir être posée. Ces races futures seront-elles jamais vraiment égales, et tout en accomplissant leurs évolutions spéciales, atteindront-elles un même niveau ? Il est au moins permis d'en douter. L'égalité n'est guère de ce monde ; on ne la voit pas dans nos familles, qui comptent à peine quelques individus, tous soumis à des conditions d'existence presque rigoureusement identiques. Comment s'établirait-elle entre les groupes humains placés dans des milieux si peu semblables ? L'inégalité de ces groupes est un fait qui me semble devoir durer tout autant que l'homme lui-même, et qui n'a d'ailleurs rien de bien affligeant en soi. Qu'importe que telle race soit inférieure, telle autre supérieure ? L'essentiel est que toutes s'élèvent et s'améliorent dans leurs voies propres. Par cela seul, l'espèce aura été perfectionnée, l'humanité aura grandi.

Notes

1.   Parmi les savants qui se sont occupés des questions ethnologiques avec le plus d'ardeur, il en est un grand nombre qui ne se font pas une idée nette de ce que signifient les mots espèce, variété, race. À chaque instant, on voit ces expressions employées indifféremment, et souvent comme synonymes. De là vient en grande partie la confusion qui règne dans les discussions relatives aux races humaines. Sans entrer dans des considérations qui exigeraient de longs développements, je crois devoir énoncer ici les définitions que j'ai adoptées de ces trois mots. — Je donne le nom d'espèce à l'ensemble des individus, plus ou moins, semblables entre eux, qui sont descendus ou qui peuvent être regardés comme descendus d'une paire primitive unique. — La variété est tout individuelle et caractérisée par quelque trait saillant distinctif. — J'appelle race l'ensemble des individus provenant d'une même espèce, ayant reçu et transmettant par voie de génération certains caractères de variété. Il suit de là : premièrement que toute race remonte, à une espèce qui lui sert de point de départ, — en second lieu que l'ensemble des races, soit primitives, soit dérivées d'une même espèce, constitue l'espèce elle-même, — enfin que tout changement portant sur une race quelconque porte sur l'espèce d'où est dérivée cette race.

2.   Je ne parle ici que d'une inégalité de fait et tout actuelle. On

verra plus loin que j'admets au contraire et sans réserve l'égalité virtuelle. Ces croyances découlent du reste tout naturellement des définitions que je viens de donner et de leurs conséquences immédiates.

3.   Voyez le Bulletin de la Société d'ethnologie de Paris.

4.   Voyez La Floride, Revue des Deux Mondes, 1er mars 1843.

5.   Voyez, dans l'ouvrage de MM. Nott et Gliddon, Types of Mankind, la partie intitulée Hybridity of Animals.

6.   Renseignement verbal fourni par M. L. de Lavergne.

7.   Je crois devoir me borner à ces deux exemples, sans entrer dans une discussion qui serait ici déplacée, et sans traiter tout au long la question des races obtenues par croisement. À ceux qui en nient l'existence, il est, on le voit, facile de répondre par des faits. Quant aux faits qu'ils invoquent à leur tour, il est en général aisé de les expliquer. Certains mécomptes dont on a fait grand bruit étaient faciles à prévoir. Lorsque par exemple on s'est laissé guider par les doctrines exclusives du Jockey-Club, lorsqu'on a voulu mêler à toutes nos races chevalines le sang du cheval anglais, on devait manquer bien souvent le but qu'on se proposait d'atteindre. Comment cette race tout artificielle, habituée à des soins minutieux, chez laquelle une éducation spéciale a développé outre mesure un tempérament nerveux et la faculté de dépenser en quelques minutes une somme énorme de force, aurait-elle pu venir en aide à nos races montagnardes, à qui l'on demande avant tout la sobriété, la rusticité, la patience, la résistance aux fatigues longues et soutenues ? Ses qualités mêmes devenaient ici des défauts graves, et les plaintes qu'arrachait à nos agriculteurs de l'Auvergne ou des Ardennes le résultat de certains croisements étaient parfaitement fondées. On avait agi contrairement aux données les plus élémentaires de la physiologie : l'insuccès était inévitable. — Toutes les fois au contraire qu'on a tenu compte de ces données, la réussite a couronné des tentatives intelligentes. L'histoire de presque toutes les grandes races domestiques est là pour attester cette vérité.

8.   Dans les autres colonies hollandaises, me disait encore le Dr Yvan, les croisements entre les deux races sont indéfiniment féconds, comme ils le sont partout ailleurs entre toutes les autres races.

9.   Les chiffres qui donnent ce résultat ont été recueillis en 1824 et 1830.

10.   Eléments d'Ethnographie.

11.   M. de Gobineau s'est rencontré ici avec M. Gustave d'Eichthal, qui, par des considérations un peu différentes, est arrivé à la même conclusion ; mais M. d'Eichthal regarde la race blanche comme représentant l'élément mâle de l'humanité, et, à vouloir entrer dans cet ordre

de considérations, il me parait évident que M. de Gobineau aurait dû adopter la même opinion, puisque d'après lui cette race seule est apte à développer les sociétés.

12.   Voyez les études de MM. Gustave d'Alaux et Lepelletier Saint-Remy, — 1er et 15 décembre 1850, 15 janvier, 1er février, 15 avril, 1er mai 1851, — 15 novembre 1845.

13.   M. de Lisboa, Bulletin de la Société ethnologique ; M. Ferdinand Denis, Histoire du Brésil.

14.   Un Souvenir du Brésil (Revue du 15 septembre 1832), par Th. Lacordaire ; Histoire du Brésil, par M. Ferdinand Denis.

15.   M. de Gobineau fait remonter les populations noires primitives jusqu'aux bords de la Mer-Caspienne ; il voit dans les géants et dans les Choréens dont parle la Bible des débris encore purs de cette race. Goliath n'était autre chose qu'un de leurs derniers descendants.

16.   Voyez la Revue des Deux Mondes, 15 mars 1850.

17.   Voyez les articles sur les métamorphoses dans la Revue du 1er et 15 avril 1855, 1er et 15 juin, et 1er juillet 1856.

ISBN : 978-1542987653

Armand de Quatrefages